1306

PANEGYRIQVE

DE

LA PAIX.

EN VERS FRANCOIS.

Par Mr de BREBEVF.

A PARIS,

Chez ANTOINE DE SOMMAVILLE, au Palais, fur le
fecond Perron montant à la Sainte Chapelle,
à l'Efcu de France.

M. DC. LX.

AVEC PRIVILEGE DV ROY.

A MONSEIGNEVR
LE CARDINAL
MAZARINI.

PANEGYRIQVE
DE LA PAIX,
EN VERS FRANÇOIS.

ENFIN, *Peuples enfin, la Discorde estonnée*
Void sa force captiue & sa rage enchaisnée,
Et ce Monstre alteré de carnage & d'horreur
Va porter aux Enfers sa honte & sa fureur.

A

PANEGYRIQVE

Lors qu'vn triste ascendant sembloit contre la Terre
Armer plus que iamais & le trouble & la Guerre,
Et qu'vn nouueau nuage errant parmy les Airs
Estoit prest d'enfanter l'orage & les éclairs :
Vn Esprit aussi haut que les intelligences
Des Astres conjurez force les influences,
En vn aspect propice il change leur couroux,
Et leur regard funeste en vn regard plus doux.
Oüy, les soins genereux de cét Ange visible
Se font contre nos maux vn rempart inuincible :
Ils arrestent le cours de ces torrens diuers,
Qu'on alloit voir bien-tost inonder l'Vniuers ;
Le Sort cede sans honte à ce puissant obstacle,
Cette force à ses yeux est vn pompeux spectacle,
Il void auec plaisir ce Heros glorieux
Mettre la Terre enfin d'accord auec les Cieux.
Ces Globes eternels, qui roulent sur nos testes,
Au gré de ces souhaits desarment les tempestes ;
Au lieu que sous l'horreur des plus tristes frimas,
Souuent ils se cachoient aux fureurs d'icy bas,
Ces flambeaux reuestus de toute leur lumiere
Semblent en sa faueur prolonger leur carriere,
Et parez à l'envy de leurs plus purs rayons
Contempler cette Paix qu'il rend aux Nations.

    Grand & sage Heros, ferme & puissant Genie,
Par qui nous reuoyons cette illustre Bannie :

IVLE, qui d'entre nous peut mesme conceuoir
Dans vn pouuoir humain vn si vaste pouuoir?
Quelle est cette vigueur, ou quel est ce courage,
Qui maistrise les Vents & commande à l'orage,
Qui reduit la Nature à respecter tes Loix,
Et force les Destins d'obeïr à ta Voix?
O que l'heureuse fin qu'ont par Toy nos desastres,
Fait bien voir que le Sage est au dessus des Astres!
Le Ciel que tes Vertus ont sans doute appaisé,
Te rend tout fauorable, & te rend tout aisé;
Son amour aux mortels redonnant l'allegresse,
Fait passer par tes mains ce don de sa tendresse,
Et son pouuoir consent que le trouble estonné
Disparoisse aussi-tost que ton ordre est donné.
Fais parler ta prudence, il n'est plus dans le Monde
Ou de Vent qui menace, ou de Foudre qui gronde:
Fais parler ta sagesse, il n'est plus dans les Cieux
D'ascendant qui soit triste, ou soit pernicieux.
　　C'est ainsi qu'autrefois vn Hebreu plein de zele,
Pour deffaire à loisir vne race infidelle,
Contraignit par sa voix l'Astre qui fait les iours,
De retenir son Char au milieu de son cours:
Il l'osa dispenser de cette loy constante,
Qui rend ses feux errants, & sa clarté mouuante,
Et le Maistre des Cieux, de la Terre, & des Flots,
Obeït en ce iour à la voix d'vn Heros.

C'eſt là d'vn zele ardant, & d'vn merite extrême
L'eſſor imperieux & le haut ſtratagême;
Leur pouuoir eſt ſi grand que l'Arbitre du ſort
Ne peut meſme tenir contre tout leur effort.
  Sans doute au vif éclat d'vne vertu ſi pure
IVLE doit les reſpects que luy rend la Nature,
Il doit à l'équité, dont il s'eſt fait l'appuy,
Cét amour ſi fecond, que les Cieux ont pour luy,
Pourroient-ils refuſer leur plus ample largeſſe
A ces viues ſplendeurs, dont brille ſa ſageſſe ?
Pourroient-ils ſe reſoudre à ne pas couronner
Ce grand Art de bien viure & de bien gouuerner,
D'aymer leurs intereſts, ſans negliger les noſtres,
De donner tout aux vns, ſans rien oſter aux autres,
Et d'accorder ſi bien des ſoins ſi differens,
Qu'il puiſſe à tous les deux ſuffire en meſme temps ?
Que ne peut obtenir cette ame grande & belle,
Qui poſſede ſans faſte vne gloire immortelle,
Et qui s'enfle auſſi peu, pour des biens paſſagers,
Qu'elle ſçait peu s'abbatre au plus fort des dangers ?
Sur tout les Cieux ont deu ſignaler leur iuſtice,
A payer ce beau don, & ce grand Sacrifice,
Que IVLE vient de faire au repos des Humains,
De cent Lauriers nouueaux, qui s'offroient à ſes mains.
  Peuples vous le ſçauez, ſon zele & ſa prudence
Auecque la victoire eſtoient d'intelligence :

De

De ses Sages desseins l'inuisible ressort
Au party de *LOVYS* auoit rangé le Sort.
Il voyoit ses Conseils renuerser des murailles,
Foudroyer des remparts, & gagner des batailles:
Il voyoit la Fortune asseruie à ses vœux
Changer tous ses trauaux en des exploits fameux.
Certes tant de progrés, tant d'actions si belles
Luy respondoient assez de cent palmes nouuelles,
Et bien-tost ce grand homme eût pû voir ses beaux-faits,
Deuenir vn passage à de plus hauts projets.
Nous voyons cependant, qu'au milieu de sa gloire
Ce Vainqueur genereux renonce à la victoire,
Et semble se lasser des applaudissemens
Que sa rare vertu s'attire à tous momens.
Oüy, souuent il gemit du bon-heur de nos armes,
Qui couste aux heureux mesme, & du sang, & des larmes;
Où plustost ce grand cœur voudroit voir nos guerriers,
En d'autres regions moissonner des lauriers.
Pendant que ses beaux soins font triompher la France,
Des peuples abbatus il ressent là souffrance,
Et deteste en secret ces debats infinis,
Qui diuisent des cœurs, qui doiuent estre vnis.
C'est par les saincts conseils d'vne douleur si belle,
Qu'il s'exhorte luy-mesme à trancher leur querelle,
Et de l'honneur acquis son cœur est si content,
Qu'il s'ose refuser à l'honneur qui l'attend.

B

Au lieu de projetter de nouuelles conqueſtes ;
Il m'eſpriſe en Heros des palmes toutes preſtes,
Il deſdaigne l'eſclat de tant d'exploits diuers,
Et l'immole auec joye au bien de l'Vniuers.
Quel excez de courage, ou quel excez de force
Peut le deprendre ainſi d'vne ſi douce amorce ?
Que l'ame eſt genereuſe, & que le cœur eſt grand,
Qui s'eſleue au deſſus d'vn charme ſi puiſſant !
Quelques brillants honneurs, que puiſſe offrir la guerre,
IVLE ayme beaucoup mieux le repos de la Terre,
Et croid ſe voir enfin au comble de ſes vœux,
S'il rend le Sort plus doux, & nos iours plus heureux.

    Des eſprits agitez d'vn orgueil ſans meſure
Auoient borné leurs ſoins à troubler la nature :
Depuis trente moiſſons ces Artiſans d'horreur
Auoient ſemé par tout la haine & la fureur ;
Leurs hautes qualitez, & leurs talents ſublimes
Sembloient ne leur ſeruir, qu'à tenter les grands crimes,
Ils s'embloient n'aſpirer, qu'à punir les Humains
Du pouuoir que le Ciel auoit mis en leurs mains.
Cent inſolents projets de puiſſance & de gloire,
De conſacrer vn iour leurs noms, & leur memoire,
A l'orgueil effrené, qui reuoltoit leurs ſens,
Auoient ſacrifié cent peuples differens ;
Du ſang des Nations ils auoient fait leur proye,
Fait mourir en tout lieu la concorde & la joye,

Mesprisé nos souspirs & negligé nos pleurs
Et mesme auec fierté ioüy de nos douleurs.
    Ce Grand homme a suiuy des routes bien contraires,
Il établit sa joye à finir nos miseres,
Il void auec transport aboutir ses trauaux
A tarir pour jamais la source de nos maux.
Son ame inaccessible à cét orgueil farouche,
Que le malheur public n'ébranle n'y ne touche,
Trouue mieux ce plaisir que rien ne peut troubler,
A s'attirer nos cœurs, qu'à nous faire trembler.
Ainsi son haut Genie & sa vertu profonde
Deuiennent l'allegresse & le bonheur du monde;
Quand le Ciel mist en luy tant de talents diuers,
Il trauailla dés-lors au bien de l'Vniuers,
Deslors il concerta cette grande auanture,
Qui des biens d'vn seul homme enrichit la Nature.
    Ne croy pas cependant, ne croy pas, grand Heros,
N'auoir donné tes soins qu'à nostre seul repos,
Ne te retrace pas le succez de tes veilles.
Le fruit de tant de zele, & dë tant de merueilles,
Comme vn trauail heureux seulement pour ton Roy,
Ou fecond pour l'Europe, & sterile pour toy,
Bien que trop au dessus de tout ce que nous sommes
Tu cherches peu ta gloire en la bouche des hommes.
Que ta vertu supplée à leurs ressentimens
Et suffise elle-mesme à tes contentemens,

Tu vois pourtant le Sort équitable aux merites,
La gloire que tu fuis, & l'honneur que tu quittes
Deuiennent moins qu'vne ombre au prix du vaste honeur,
Que dans tous les Climats t'acquiert nostre bonheur.
Pendant que la Victoire auoit pour toy des charmes,
Pendant que tu reglois le destin de nos armes,
Tu voyois, il est vray, par tes sages projets,
Ton grand ROY commander à de nouueaux sujets ;
Tu voyois par tes soins le plus vaillant des Princes
Ioindre à ses grands Estats de nouuelles Prouinces :
Mais depuis que ton cœur prend des desseins nouueaux,
Tu t'ouures le chemin à des progrez plus beaux ;
Pour fournir à ta ioye vne illustre matiere,
Tu t'acquiers tout d'vn coup l'Europe toute entiere,
Et tu te vois soudain regner tout à la fois
Et sur l'esprit du peuple, & sur les cœurs des ROYS.
     Agreable pouuoir, rare & charmant Empire,
Dont la douceur se gouste, & ne se sçauroit dire !
Qu'il t'est delicieux de penser nuict & iour
Que l'Europe pour toy, n'est qu'ardeur & qu'amour,
Qu'vn Dieu pour la reuoir dans vne paix parfaite
Te rend de ses bontez l'organe & l'interprete,
Et qu'il veut te choisir parmy tous les humains
Pour répandre icy-bas ce present de ses mains.
Qu'il t'est doux de penser que cent peuples te voyent
Comme vn Liberateur que les Cieux leur enuoyent,

Et

Et dont le soin propice & le puissant secours
Restablit leur fortune & conserue leurs iours !
Voila le regne auguste, & la haute puissance,
Que t'assûrent tes dons, & leur reconnoissance :
Voila comme l'Amour les range sous ta loy
Bien mieux que n'auroient fait la contrainte, ou l'effroy.
Ce sont-là ces plaisirs, dont l'appas sans meslange
Ne s'affoiblit jamais, & jamais ne se change,
C'est-là ce bel excez, des purs contentemens
Que tes soins t'ont acquis en si peu de momens.

    Que dis-je toutefois ? quelle iniuste pensée
Impose auec tant d'art à mon ame insensée ?
Le plus fameux dessein, qu'vn cœur ose former,
En si peu de momens ne peut se consommer.
Non non, sortons enfin de cette erreur visible,
Cette facilité n'est qu'vn songe plausible,
Et sur vn bien si doux mes yeux trop arrestez,
M'en déguisent la peine, & les difficultez.
De ce rare bienfait les appareils illustres
Sont les heureux trauaux de plus de quatre lustres :
Des obstacles puissants l'importune longueur
De tout autre que IVLE eust lassé la vigueur.

    Aussi pour mieux s'instruire à ce fameux ouurage,
Il en fit autrefois vn noble apprentissage,
Quand sa voix ne laissa dans deux camps opposez,
Que des esprits soûmis, & des cœurs appaisez.

C

Déja de cent Clerons l'impreßion bruyante
Reſpandoit à l'entour l'audace, ou l'eſpouuante,
Et des Canons pointez les feux eſtincelants
Alloient remplir les airs de cent treſpas volants,
Déja des deux partis la haine, & le courage
D'vne ardante couleur brilloient ſur leur viſage:
Déja ſe conſeillant à leur aſpre couroux
Ils faiſoient dans leurs cœurs tout flechir ſous leurs coups.
Mais au premier aſpect de cét Ange propice,
Ils n'ont point de fierté, qui ne ſe rallentiſſe,
Et ſes preſſants diſcours ont pour eux tant d'appas,
Qu'ils cherchent leur colere, & ne la trouuent pas.
O! qu'il retient alors de foudres preparées,
Que de treſpas liguez, & de morts coniurées!
Tons ceux dont le couroux demeure ſuſpendu,
Luy doiuent tout le ſang, qu'ils n'ont pas reſpandu.

    Depuis ce rare eſſay de ſon zele inuincible,
Il garde auec la Paix vn commerce inuiſible,
Et la Terre outrageant cette Fille des Cieux,
Elle eut dans ce grand cœur vn ſeiour precieux.
C'eſt pour mieux en reuoir la puiſſance affermie,
Qu'il a feint de s'entendre auec ſon Ennemie:
Il n'a voulu forcer tant d'obſtacles diuers,
Que pour la rendre vn iour aux vœux de l'Vniuers.
IVLE traitoit la PAIX, dans le fonds de ſon ame,
Quand il faiſoit agir & le fer, & la flame,

Et se voyoit contraint d'apprendre à nos Riuaux,
Que nous sçauons cueillir le fruit de leurs trauaux :
Quand son conseil fidelle, & son ordre efficace,
De nos fiers ennemis deconcertoit l'audace,
Et faisoit éclater par des faits inoüys
La prudence de IVLE, & le bras de LOVYS.
Il seruoit ardemment cette aymable Exilée,
Lorsque de nos Guerriers la valeur signalée
Par d'éloquens succez, faisoit comprendre à tous,
Qu'il faut craindre leur Maistre, ou flêchir sous ses coups.
   Oüy, c'est par les hazards, & c'est par les batailles,
Par le vaste débris de plus de cent murailles,
Par des sentiers couuerts de cadaures espais,
Qu'il a fallu r'ouurir vn chemin à la PAIX.
Enfin nous possedons, apres tant de carnage,
Ce precieux enfant du meurtre, & du rauage,
Et nous deuons cherir le trouble officieux,
Par qui nous reuoyons cette Belle en ces lieux ;
Il semble qu'en sortant de ce cahos funeste,
Elle adiouste vn surcroist à sa beauté celeste,
Que ses yeux affranchis de ce nuage obscur
En prennent vn esclat plus brillant & plus pur.
Ainsi l'Astre du iour rend sa clarté plus viue,
Apres que les frimats en ont fait leur captiue,
On le void plus pompeux regner sur l'horison,
Et vanger ses rayons de leur longue prison.

IVLE a ſi bien remply nos vœux, & noſtre attente,
Que déja nos deſirs n'ont plus rien qui les tente,
Et le prix infiny de ſes amples biens-fait
Surpaſſe noſtre eſpoir, & preſque nos ſouhaits.
Pardonne, grand Heros, vn tranſport agreable,
As tu pû conceuoir ce bien inconceuable ?
De ta longue feruear ce preſent glorieux
A t'il pû ſe monſtrer tout entier à tes yeux ?
As-tu veu cette PAIX, que tu nous as renduë,
Dans ſa magnificence, & dans ſon eſtenduë,
Et crû rendre le Ciel plus propice & plus doux
Pour nos derniers Neueux, auſſi bien que pour nous ?
   Pendant que dans l'horreur du meurtre, & des Batailles
Tant de fameux Guerriers trouuoient leurs funerailles,
Ils faiſoient expirer ſous ce coup rigoureux
Cette poſterité, qui s'enfermoit en eux ;
Dans ces affreux combats, dont le nom meſme afflige,
Cent Illuſtres ſurgeons s'eſtouffoient dans leur tige,
Et ſous l'effort ſecret d'vn treſpas auancé
Ils terminoient leur ſort, ſans l'auoir commencé.
   O ! que par ce repos, que tu rends à la Terre,
Tu vanges les Humains des pertes de la guerre !
Lors que tu fais regner la concorde à ſon tour,
Lors qu'à tant de Vaillans tu conſerues le iour,
Dans le meſme moment tu le donnes peut-eſtre
A cent Heros qu'vn iour le Ciel en ferà naiſtre,

Et

Et les temps éloignez ne verront point finir
Ce que ce bien present a fait pour l'auenir.
  Mais c'est peu toutefois, c'est peu pour ta grande Ame,
Que de nous affranchir du fer & de la flâme,
Peu pour remplir tes vœux, & pour les Couronner,
Que d'espargner la vie, ou que de la donner;
De ton cœur éleué la bonté genereuse
S'interesse bien plus à nous la rendre heureuse,
Et les soins, qui pour nous t'occupent iour & nuict,
Nous font gouster le calme, aprés l'auoir produit.
Il semble à voir l'amour, que tu nous faits paroistre,
Que par nostre bon-heur le tien se doiue accroistre,
Et que ton cœur tout grand, pour prix de tes trauaux,
Sente autant nos plaisirs, qu'il a senty nos maux.
Aussi ce doux repos, que produit ta sagesse,
Va respandre en tous lieux la ioye & l'allegresse:
C'est vn thresor fecond, que ta main vient d'ouurir,
Et qu'on ne peut iamais ny fermer, ny tarir.
Bien que l'aspre misere, & la dure indigence,
Qu'auoient par tout semé le trouble & la licence,
Parussent à nos yeux vne calamité,
Qui deuoit se transmettre à la posterité:
Déja victorieux de leurs rudes atteintes
Tu charmes nos ennuys, & tu trompes nos craintes;
Il n'est point de disgrace, il n'est point de besoins,
Qu'on puisse voir long-temps tenir contre tes soins:

D

Tu sçais auec tant d'art pouruoir à toutes choses,
Qu'on void souuent l'effet, auant qu'en voir les causes,
Et nostre sort n'aguere en desastres fecond
Est luy mesme surpris d'vn changement si prompt.

    Par ce fruit d'vne PAIX, que tu viens de nous rendre,
On void ce que de toy l'Europe doit attendre :
Où plustost nos esprits ne peuuent conceuoir
Iusqu'où vont tous les biens, que nous t'allons deuoir,
Mon ame aux seuls attraits d'vne si douce idée
D'vn plaisir inconnu se trouue possedée,
Et s'assure si bien sur tes soins glorieux,
Que déja l'auenir est present à ses yeux.
Ie voy, ie voy déja le crime disparoistre,
L'insolence trembler, l'innocence renaistre,
L'equité, la Iustice, & les loix du deuoir
R'établir en tous lieux leur Trône & leur pouuoir :
I'apperçois la Vertu si long-temps mesprisée,
Releuer loin de nous la vertu supposée
Et d'vn maintien seuere, & d'vne forte voix
Redemander au vice, & son rang, & ses droits.
Enfin, où commandoit autrefois l'infamie,
Ie voy du pur honneur la puissance affermie,
Et par vn aussi prompt, que durable ressort,
Le merite vangé des cruautez du sort.
I'entens déja par tout retentir les loüanges,
Que donnent nos Climats, & les terres estranges,

Au celebre Artiſan d'vne tranquilité,
Qui fixe leur concorde & leur felicité.
J'entens parmy les airs reſonner l'armonie
De mille eſclats diuers d'vne ioye infinie,
Que pouſſent à l'envy tous ces eſprits de choix,
Qui ne ſont plus pour toy que langues & que voix.
Chacun dans les tramports de l'ardeur qui le bruſle,
S'applaudit d'eſtre né dans le ſiécle de IVLE,
D'auoir receu la vie en ce temps fortuné,
Où l'on void le merite & l'honneur couronné.
Delicieux concerts ! melodie enchantée,
Digne qu'vn Heros meſme en ayt l'ame flattée !
Doux retentiſſemens ! agreables accords !
Le cœur ſuffit à peine à de ſi doux tranſports.

 Il faut pourtant, il faut porter plus haut la joye
A ce nouueau bonheur que le Ciel nous enuoye :
A ce iour precieux, dont l'eſclat ſans pareil
Ne doit rien de ſa pompe à l'eſclat du Soleil :
A ce iour en vn mot ſi charmant, & ſi riche,
Où le Sang de bourbon s'allie au Sang d'Auſtriche ;
A cét heureux ſuccez d'vn Amour ſolemnel,
Qui promet aux Humains vn bonheur eternel,
Qui par de ſaints liens, & par d'heureuſes chaines
Ioint au plus grãd des ROIS la plus grãde des REINES
Et par l'eſtreinte enfin d'vn nœud delicieux,
Vnit ce que la Terre a de plus precieux.

France borne ta joye à ce grand HYMENE'E,
Où le Monde attentif tient la sienne bornée,
D'où contre la fierté de ses vsurpateurs
Il attend sa franchise, & ses liberateurs,
D'où cent peuples changez en de tristes victimes
Esperent dans leurs maux des Maistres legitimes,
D'équitables Vainqueurs, d'augustes Conquerans,
Qui mettront la Iustice an Thrône des Tyrans.
Oüy, de ces deux grands cœurs voy l'vnion celeste,
Et tu peux, s'il le faut, te cacher tout le reste ;
Attache tes regards sur la fecondité,
Que doit vn sang si noble à la posterité.
Ce sang tout precieux a roulé dans les veines,
De mille, & mille ROIS, de mille, & mille REINES,
Auant que d'échauffer ces Amans couronnez,
Qui vont rendre auec eux les peuples fortunez.
Quels seront les ruisseaux d'vne source si pure,
Où l'on void qu'à l'envy les Cieux & la Nature,
De leurs plus beaux tresors ont renfermé le chois,
Et mis ces hauts talens qui produisent les ROIS?
Quand la posterité, iusques aux derniers lustres,
De cét heureux Hymen verra les fruicts Illustres,
S'armer contre l'Orgueil d'vn courroux genereux,
Et trâmer vn reuers aux attentats heureux ;
Quand elle les verra du Couchant à l'Aurore,
Des riues du Sarmate aux campagnes du More,

Com-

Combattre auec succez, & le crime, & l'erreur,
Et des Cieux irritez signaler la fureur :
Ce sont-là, dira-t-elle, en ces temps d'allegresse,
Les presens de l'Amour, & ceux de la Sagesse,
L'ouurage d'vn HYMEN, & l'effet d'vne PAIX,
Dont IVLE sceût si bien couronner ses hauts-faits.

    Oüy, quand il a conclu cette PAIX bien-heureuse,
Quand il a secondé cette ardeur amoureuse,
Des-lors il a produit ces grandes actions,
Qui doiuent estre vn iour l'espoir des Nations ;
Dés-lors il a produit ces hautes auantures,
Qui mettront le repos dans les races futures ;
Ses soins leur ont fourny de glorieux soustiens,
Dont les derniers exploits seront encor les siens.

    Du moins, du moins, ie sçay qu'au cours de ces miracles
Il n'est rien icy-bas qui forme des obstacles,
Rien qui puisse empescher ces desseins inoüis,
Que les hardis projets qu'on attend de LOVYS.
Mais, à ne point flater tous ces HEROS à naistre,
Tant de valenr en luy s'est déja fait connoistre,
Qu'il peut nous espargner par de nouueaux progrés
Les soins de chercher loin ce qu'on peut voir de prés.
Ce Vainqueur glorieux, ce Monarque tout juste,
Ce HEROS couronné, ce Conquerant auguste,
Si l'ordre des destins ne s'oppose à ses vœux,
Laissera peu de chose à faire à ses Neueux.

E

Vn iour ils connoiſtront que ſa haute vaillance
Ayant mis cent Climats ſous les loix de la France,
De leurs cœurs eſleuez, les ſoins les plus exquis,
Seront de conſeruer ce qu'il aura conquis.
Bien qu'il ſoit le Captif des plus beaux yeux du monde,
Bien qu'il ſoit dans des fers où ſon bonheur ſe fonde ;
Sans briſer ſes liens ce Prince glorieux
Va tout ſoûmis qu'il eſt triompher en tous lieux.
Il ſçait qu'en balançant à punir l'arrogance
Dont s'enflent les Tyrans dans leur haute puiſſance,
Et qu'en n'arreſtant pas leurs ſiniſtres deſſeins,
Sa valeur manqueroit à l'eſpoir des Humains.
Ainſi, n'en doutons point, bien-toſt ce grand Monarque
Liure ces inſolens aux rigueurs de la Parque,
Et confondant l'orgueil de ces audacieux
Vange tout à la fois, & la Terre & les Cieux.
Il réſoud des aſſauts, où le deſtin des armes
Iuſques dans le trépas peut nous montrer des charmes :
Et ſon ſage Miniſtre au milieu de la PAIX,
Médite l'appareil de ces nobles projets.
Cét eſprit animé d'vn zéle inépuiſable,
Ce grand Homme en tout temps à ſoy-meſme ſemblable,
Qui dans le temps du trouble, & des diſſentions
Trauailloit à la PAIX, qu'il rend aux Nations,
Pendant ce calme heureux qui renaiſt ſur la Terre,
S'entretient en ſecret d'vne nouuelle guerre,

'Et déja dans son cœur ses glorieux trauaux
Couronnent son grand ROY de cent lauriers nouueaux.
Lors que chacun de nous s'endort dans la bonace,
Il prépare vn insulte au Tyran de la Thrace,
Dans ce Climat impie il seme la terreur,
Il déthrône l'audace, & confond la fureur.
Que ne pouuons nous lire au fond de ses pensée
Les hautes actions qu'il s'est déja tracées ?
Et que n'est-il permis de voir ce que sur tout
Sa raison delibere, & sa vertu resoud ?
O ! que nous y verrions de superbes trophées,
De Monstres abbatus, & d'Hydres estouffées !
Que de peuples vaincus se soûmettre à nos Loix,
Et de Croissants brisez faire place à la Croix !
O ! que nous y verrions de Sectes criminelles,
Se tranformer soudain en des peuples fidelles,
S'esleuer par leur cheute au plus solide honneur,
Et trouuer dans leur perte vn passage au bon-heur !
Combien enfin, combien de ces Sçauants coupables,
Qui mettent dans l'esclat l'imposture & les fables,
Rendre vn hommage illustre à cette verité,
Qui pour eux fut sans voix, & sans authorité !
Bien-tost elles viendront ces pompeuses iournées,
Où ce Heros d'accord auec les destinées
Doit faire en mille lieux regner tout à la fois
L'auguste ROY des Lys, & le Maistre des ROIS.

Bientoſt il paroiſtra ce temps ſi deſirable,
Où ſa viue lumiere & ſon zéle immuable,
Feront tant de progrez dans vn deſſein ſi grand,
Que les Cieux en LOVIS verront leur Conquerant.
Sus donc, ne ſuſpens point la gloire qui t'appelle,
Intereſſe ton cœur à leur ſainte querelle,
Mets ce comble à ta ioye, auſſi bien qu'à nos vœux,
De vaincre les Humains, pour les voir plus heureux.
Te borner deſormais à veiller ſur la France,
A luy faire gouſter, & l'aiſe, & l'abondance,
Appuyer ſeulement le Thrône de ton ROY,
Ce n'eſt pas vn trauail aſſez ample pour toy;
Son Empire affermy par vn conſeil ſi ſage,
Tu dois à ſa valeur vn plus vaſte heritage:
Ton zele doit aux Cieux vn tribut eſclatant
Des dons que tu tiens d'eux, & qui t'ont fait ſi grand.
   Mais où va ce tranſport de mon impatience?
Laiſſons à ce Heros conſulter ſa prudence,
Laiſſons à ſa vertu choiſir auec le Sort
Vne ſaiſon propice à cét illuſtre effort.
Pendant que d'vne guerre heureuſement conceuë
Il ſe trace en ſecret & l'entrée & l'iſſuë,
Souffrons que pour prelude à de ſi long trauaux,
Il donne quelques iours à de moindres aſſauts:
Souffrons que ſa vertu ſe faſſe vne victime,
De cent laſches ſuppoſts de la honte & du crime,

Et

Et que d'vn ROY tout iuste il arme le couroux
Contre ces fiers Titans, qu'on souffre parmy nous.
Il faut vanger le Ciel de l'insolente guerre,
Qu'osent luy declarer ces enfans de la Terre,
Ces aueugles mutins, ces foibles insolens,
Dont toute la raison semble estre dans les sens.
Il faut purger l'Estat de ces monstres enormes,
Qui pour mieux nous seduire empruntent tant de formes,
Et qui portent si loin l'audace & la fureur,
Qu'ils changent en vertus, & l'opprobre, & l'horreur.
Peut-on voir sans fremir ces ames indomtées,
Semer en tant de lieux des erreurs detestées ?
Aux yeux de la Cour mesme estaller hardiment,
Et le libertinage, & le débordement ?
Peut-on sans s'irriter voir cette race impure,
Qui vomit sans relasche, & blaspheme, & pariure,
Et qui semble conter entre ses aggrémens,
L'infame enormité de ses emportemens ?
LOVIS, par les beaux soins de ce ferme Genie,
Peut soudain estouffer cette affreuse manie,
Il peut faire gemir la fureur dans les fers,
Et renuoyer enfin cette peste aux Enfers.
Ainsi qu'il a proscrit ce monstrueux carnage,
Où la rage pretend ressembler au courage,
Ces combats si vantez par de faux Genereux,
Et dont vne ame vile est capable comme eux ;

F

De mesme à son pouuoir qui pourra mettre obstacle,
S'il veut le signaler par ce nouueau miracle,
Et si la foudre en main il s'appreste à tonner,
Contre des attentats qu'il ne peut pardonner?
S'il escrase vne fois ces Hydres forcenées,
Cent autres vont subir les mesmes destinées;
Cent crimes insolents de leur impunité
Trembleront au seul bruit de sa seuerité.
Cét orgueilleux Enfant d'vne vaine opulence,
Ce Pere infortuné d'vne triste indigence,
Le Luxe, cét autheur des ciuils mouuemens,
Qui des plus grands Estats sappe les fondemens,
Le Luxe, dont souuent la licence & l'audace
Auecque la grandeur confond la populace,
Puny seuerement de cette illusion,
Va changer son faux lustre en sa confusion.
Ces passetemps honteux, où la rage preside,
Ces Ieux qu'on a changez en vn traffic sordide,
Ces Ieux qui ne sont plus, que scandale, & qu'horreur,
Iront du moins cacher leur honte & leur fureur.
La dure Exaction, cette auare cruelle,
Qui voudroit toûjours tendre où le butin l'appelle,
Et voler à mon ROY mesme au temps de la PAIX,
Et les biens & les cœurs de ses tristes Sujets:
Cette infame bien-tost dans vne honte extréme
Contrainte de vanger nos maux sur elle-mesme

Va par sa decadence & par ses chastimens
Expier sa richesse & nos gemissemens.
　　Enfin plus d'iniustice, & plus de violence,
Plus iamais parmy nous d'insulte ou de licence :
Sous vn gouuernement si fecond en vertus
Ces monstres desormais font monstres abbatus.
　　IVLE, dont la sagesse, & sublime & profonde
A fait voir dans mon ROY le plus grãd ROY du Monde,
Et veille encor si bien sur ses hauts interests,
Que de tous ses desirs elle fait des arrests,
Ce font-là les conseils que ta vertu luy donne,
C'est le solide appuy que te doit sa Couronne :
Tes nobles sentimens ont instruit son couroux
A faire ainsi mourir le crime parmy nous.
Tu sçais trop qu'où ce monstre à pris droit de paroistre,
La licence du Peuple est la honte du Maistre,
Et qu'vn ROY, qui pardonne à d'iniustes projets,
Peche souuent par tout, où pechent ses Sujets ;
Ainsi par ton secours LOVIS liurant la guerre
A ces débordemens, qu'espargne le tonnerre,
D'innocence & d'honneur ses peuples reuestus
Deuiendront ton merite, & seront ses vertus.
O ! que par ce trauail, & cette vigilance
Tu vas rendre les Cieux amoureux de la France !
Ce seront leurs plaisirs de répandre sur nous,
Leurs thresors les plus beaux, & leurs biens les plus doux,

Nous en verront pleuuoir par tes soins efficaces
Des fleuues de douceurs & des torrens de graces,
Et tous vont d'vne voix s'escrier en tous lieux,
Le grand IVLE commence à nous ouurir les Cieux.

FIN.

PRIVILEGE DV ROY.

 OVIS par la grace de Dieu Roy de France & de Nauarre. A nos amez & feaux Conseillers les Gens tenans nos Cours de Parlement, Maistres des Reque- stes ordinaires de nostre Hostel , Baillifs, Seneschaux , Preuosts , leurs Lieutenans, & à tous autres de nos Iu- sticiers & Officiers qu'il appartiendra, Salut. Nostre cher & bien amé *Antoine de Sommauille Marchand Libraire en nostre bonne ville de Paris*, nous a fait dire & remonstrer qu'il a recouuré à grands frais *les Poësies de Mr de Brebeuf*, qu'il desiroit faire imprimer s'il auoit sur ce nos Lettres necessaires. A ces causes, desirant traiter fauorablement ledit Exposant, nous luy auons permis & permettons par ces presentes, d'imprimer, ou faire imprimer lesdites Poësies en vn , ou plusieurs vo- lumes, ainsi qu'il auisera bon estre, & ce pendant le temps de sept ans entiers & accomplis, à compter du iour que lesdits liures seront acheuez d'imprimer ; Et faisons tres-expresses inhibitions & deffences à tous Libraires, ou Estrangers, d'en vendre ny debiter en tous les lieux de nostre obeïssance, d'autre impression que de celle qu'aura fait ou fait faire ledit Exposant, en telle sorte ny maniere que ce soit, sans son consentement, à peine de quinze cens liures d'amende, applicable vn tiers à Nous, vn tiers à l'Hospital General de nostre bonne vil- le de Paris, & l'autre tiers à l'Exposant, confiscation des Exemplai- res contrefaits, & en tous ses despens, dommages, & interests, à condition qu'il sera mis deux exemplaires desdits liures en nostre Bi- blioteque publique, vn exemplaire en nostre Biblioteque du Cha- steau du Louure, vn autre en celle de nostre tres-cher & feal le Sieur Seguier, Cheualier, Chancelier de France, auant que les exposer en vente, à peine de nullité des presentes, qui seront enregistrées sur le Liure de la Communauté des Marchands Libraires & Imprimeurs de Paris, du contenu desquelles, nous vous mandons que vous fassiez ioüir & vser plainement & paisiblement ledit Exposant, & tous ceux qui auront droit de luy, sans qu'il leur soit donné aucun trouble ny

empeſchement. Voulons auſſi qu'en mettant au commencement ou à
la fin deſdits Liures, vn Extrait des preſentes , elles ſoient tenuës pour
deuëment ſignifiées, & que foy y ſoit adjouſtée, & aux copies colla-
tionnées par vn de nos amez & feaux Conſeillers & Secretaires, comme à l'Original. Mandons en outre au premier noſtre Huiſſier ou Ser-
gent ſur ce requis, de faire pour l'execution des preſentes tous exploits
neceſſaires, ſans demander autre permiſſion : Car tel eſt noſtre plaiſir,
nonobſtant clameur de Haro, Chartre Normande, & autres lettres à
ce contraires. Donné à Paris le 20. iour de Decembre 1659. Et de
noſtre regne le dix-ſeptieſme.

Regiſtré ſur le Liure de la Communauté des Marchands Libraires
& Imprimeurs, ſuiuant l'Arreſt du Parlement du 8. iour d'Avril 1653.
Fait à Paris, le 16. iour de Iuin 1660.

G. IOSSE, Syndic.

Les Exemplaires ont eſté fournis.

Acheué d'imprimer le 22. Decembre 1660.